HENRI HANTICH

JEAN HUS

Essai historique publié à l'occasion de la pose de la

première pierre du monument Hus à Prague

PRAGUE

Imprimerie «Unie»

Aux frais du Comité du monument Hus

1903

HENRI HANTICH

JEAN HUS

Essai historique publié à l'occasion de la pose de la
première pierre du monument Hus à Prague

PRAGUE

Imprimerie «Unie»
Aux frais du Comité du monument Hus
1903

JEAN HUS

La nation tchèque, obéissant à un sentiment de pieuse reconnaissance envers les grands hommes qui ont illustré son histoire s'apprête à rendre un éclatant hommage à la mémoire de son plus illustre fils,

JEAN HUS

premier apôtre de la liberté de penser, mort héroïquement pour ses convictions à Constance.*)

Le mouvement hussite où s'épuisèrent jadis les vives forces de la nation tchèque et qui couvrit de ruines le pays entier marque certes une des pages les plus sanglantes et les plus troublées de l'histoire de Bohême. C'est vers elle cependant que les Tchèques tournent le plus souvent les yeux avec orgueil, parce qu'elle leur rappelle l'heure où le monde entier se tournait stupéfait vers la petite mais héroïque nation qui avait osé, la première, accepter la lutte contre l'Eglise. En même temps que contre la hiérarchie catholique, le peuple tchèque se soulevait aussi contre la domination germanique. Hus n'est pas seulement pour les Tchèques l'apôtre de la liberté de la pensée, il est le héros national, le grand patriote qui a brisé la domination étrangère et créé la langue littéraire.

N'était-ce pas là voix de cet ardent patriote, orateur écouté, qui réveillait chez le peuple tchèque la conscience

---

*) Le 5 juillet, la veille du jour anniversaire de la mort du martyr tchèque, sera posée à Prague la première pierre du monument Hus, à l'érection duquel toute la nation tchèque a contribué par des dons généreux, et qui s'élèvera sur la grande place de la Vieille-Ville, là où fut consommé la déchéance du royaume de Bohême.

et la fierté assoupies de son sentiment national, n'était-ce pas lui qui, pour empoigner plus vivement les esprits, s'écria dans un moment de navrante exaspération: ›Les Tchèques sont plus misérables que les chiens. Quand un chien est attaqué par un autre chien il ne lui cède pas son chenil sans le défendre, et nous, nous laissons faire les Allemands qui nous oppriment, qui nous enlèvent les meilleurs postes sans que nous trouvions le courage de protester là-contre.*)

Des accents d'une telle véhémence ne pouvaient manquer d'agir fortement sur les esprits.

Aussi le mouvement hussite dont l'histoire générale de civilisation n'a pu dédaigner l'importance ne garda pas longtemps son caractère purement religieux. Dans l'histoire du moyen-âge de Bohême non moins que dans la renaissance du peuple tchèque il prend ce double aspect d'une imposante manifestation de la conscience morale et religieuse de toute une nation qu'il était à son début, et celui de réveil national du peuple tchèque qui vint tôt s'ajouter au premier.

Voilà qui grandit particulièrement la signification du nom d'Hus dans l'histoire de Bohême, voilà la vraie raison pour laquelle les Tchèques tiennent à voir se dresser dans leur métropole, la Prague dorée, le monument symbolique de leur saint martyr, le maître Jean.

*   *   *

L'époque d'Hus est une des plus agitées du moyen-âge. La Chrétienté tout entière frémissait à l'approche de violentes explosions que les voix de la conscience révoltée annonçaient comme inéluctables, fatales pour l'union de l'Eglise qui devait y sombrer définitivement.

L'inquiétude et le doute s'étaient emparés des esprits scandalisés par le grand schisme dont on souhaitait mais

---

*) Lorsqu'en 1410 les Chevaliers de l'ordre Teutonique se firent battre à la bataille de Tannenberg, Hus envoya au roi Wladislav une lettre de félicitation. Ce fut une des premières manifestations de la solidarité slave.

dont on ne prévoyait pas la fin, et par l'écœurante corruption de mœurs qui était le grand mal dont souffrait toute la société contemporaine.

Les penseurs se demandaient avec angoisse: »Où donc est la vérité?« »Quelle est cette Eglise que Christ a fondée et qui devait durer jusqu' à la fin des siècles?« Est-ce celle de Rome, celle d'Avignon ou celle de Constantinople?«

De France, d'Angleterre, d'Italie, d'Espagne, de tous les pays chrétiens s'élevaient des cris contre la hiérarchie corrompue, contre cette cupide papauté qui, oublieuse des paroles du Christ: »Mon royaume n'est pas de ce monde,« étendait avidement la main sur le pouvoir temporel, et partout on réclamait avec énergie la réforme de l'Eglise dans son chef et dans ses membres.

Ce fut dans cette période très critique pour l'Eglise que se formèrent dans tous les pays chrétiens des sectes religieuses dont plusieurs ont prolongé leur existence jusqu' aux temps modernes. En Bohême, les premiers symptômes de l'effroyable cataclysme qui devait s'abattre sur le pays commencèrent à se manifester dans les dernières années du règne de Charles IV.

L'initiative de ce mouvement réformateur revient à trois éminents prédicateurs, Conrad Waldhauser, Jean Milič *) de Kroměříž et Mathias de Janov. Le premier était Allemand d'Autriche, les deux autres Tchèques.

Quand Hus **) se fut mis à la tête du mouvement, l'an-

---

*) Dans les noms tchèques, le petit crochet renversé dont certaines lettres sont surmontées marque la prononciation mouillée de ces lettres. Ainsi č = tch; ě = ie; ň = gn; ř = rch; š = ch; ž = gi.

**) Jean Hus (1369—1415) naquit à Husinec, bourgade située non loin de la frontière sud-ouest de la Bohême. Fils d'un paysan moins riche en biens qu'en enfants, il alla jeune à Prague où il n'avait d'abord, comme les pauvres étudiants de ce temps, d'autres ressources que les maigres dons qu'il méritait en chantant et officiant dans les églises. Intelligent et studieux, il fut reçu bachelier ès arts (philosophie) à l'âge de 24 ans. Trois années après, quand il eut acquis successivement les grades de bachelier en théologie et de maître ès arts, il ouvrit son premier cours à l'université de Prague (1398) et se fit vite un grand renom. Deux ou trois ans après, il reçut la prêtrise, fut nommé doyen de la faculté des arts (1401), recteur de l'université (1402) et

8

cienne conception sur la piété et les devoirs chrétiens avait
déjà commencé à se modifier; cette évolution d'abord peu
sensible alla s'accentuant et aboutit finalement à l'opposition
ouverte, sur divers points, contre les doctrines de l'Eglise
romaine.

Hus avait étudié avec grande ardeur les livres qui
formaient à la fin du XIVe siècle la substance de l'enseignement à la faculté théologique de Prague.

Ce furent cependant plutôt certaines propositions d'Au-
gustin et de Grégoire, et notamment les traités théologiques
du grand penseur anglais Wiclif*) que Jérôme**) apporta
en 1402 à Prague, qui eurent sur l'âme d'Hus l'ascendant
décisif dont le reflet se retrouve dans tous les actes du
hardi novateur.

Il se pénétra des idées du maître d'Oxford, mit une
grande ardeur à les propager et leur demeura fidèle jusqu'à
sa mort. Mais de même qu'il faut se garder de croire que
cette admiration d'Hus alla jusqu'à adopter et à se rendre
siennes toutes les idées de ce célèbre philosophe et thé-
logien, il serait injuste de prétendre que les idées de Wiclif
étaient toutes et au même degré neuves pour lui. Ce ne
fut le cas que pour quelques-unes, tandis que les autres

---

prédicateur à la chapelle de Bethléem. Chapelain à la cour
royale, confesseur de la reine Sophie, il fut déclaré par le
Concile de Constance hérésiarque obstiné et condamné au bûcher, le 6 juillet 1415.

*) Les rapports entre l'Angleterre et la Bohême étaient à
cette époque très actifs. Le roi d'Angleterre, Richard II avait pour
femme une fille de Charles IV, Anne. Oxford et Paris, étaient
deux villes où les étudiants tchèques se rendaient de préférence
pour terminer leurs études.

**) Jérôme de Prague (1379—1416), ami et ardent auxiliaire
d'Hus, fut un homme très érudit, doué d'un grand talent orateur.
Sa passion du mouvement et de l'activité fébrile lui valut le
surnom de Saint Paul de la Réforme.

Il étudia à Prague, passa deux années en Angleterre, visita
la Palestine, discuta avec Gerson à Paris. Tous les grands évé-
nements le trouvèrent cependant à son poste en Bohême. Après
les troubles de Prague (1412) il s'enfuit en Russie, mais à la
nouvelle de l'emprisonnement d'Hus, il accourt à Constance. Il
subit courageusement le supplice, le 30 mai 1416.

ne faisaient que compléter et développer celles qui étaient déjà connues en Bohême.

Le trait caractéristique d'ailleurs de la Réforme tchèque est qu'elle avait pour principal but la régénération morale de la société.

Le charme particulier que répandait Hus autour de lui, cette facilité avec laquelle il devint le chef du grand mouvement populaire n'émanait ni de son érudition ni de son talent oratoire, mais simplement de l'enseignement pratique de la vie morale.

Remplir fidèlement et simplement la loi morale du Christianisme voilà l'idée dominante qu'il prêchait et appliquait pendant toute sa vie. L'Evangile est pour lui l'autorité suprême. Cette préoccupation du Christianisme appliqué et vécu fera plus tard l'essence de la doctrine des Frères-Bohêmes. De nos jours elle se retrouve chez le grand penseur russe Tolstoï.

Le premier temps, quand le nombre de ses auditeurs était encore assez restreint, Hus n'était guère inquiété pour ses tendances novatrices, mais lorsque sa renommée grandit, qu'il fut nommé prédicateur à la chapelle de Bethléem, une des plus retentissantes tribunes de Prague, et qu'il osa blâmer publiquement les vices du clergé, il fut violemment attaqué par les prêtres dont il menaçait les richesses; pour se débarrasser de ce dangereux censeur ils confondirent adroitement sa cause avec celle de Wiclif.

Le premier conflit sérieux éclata en 1403 au sujet de 45 propositions tirées de livres de Wiclif, dont 24 avaient été rejetées par le Synode de Londres.

Dans une assemblée de l'Université (28 mai 1403), les articles incriminés, défendus par les maîtres tchèques, en minorité, ne furent encore déclarés ni hérétiques ni même erronés, néanmoins la majorité décida qu'ils ne devaient être enseignés ni en cours ni en chaire. Les maîtres allemands et les défenseurs du système établi ne désarmèrent pas pour cela; la lutte sourde et continue fut poursuivie à la fois au Synode et à l'Université.

Le bruit du progrès des idées de Wiclif en Bohême ayant pénétré au dehors, le pape exhorta l'archevêque de

Prague, Zbyněk, qui était jusque-là bien disposé pour Hus, à veiller à ce que l'hérésie ne s'étendît pas dans le royaume.

Zbyněk s'inclina et intima au Synode (1406) l'ordre de s'en tenir rigoureusement aux enseignements de l'Eglise, en particulier aux doctrines relatives à la transsubstantiation.

Il paraît que ce fut au cours de la même année que Hus fut nommé chapelain à la cour royal et confesseur de la reine. Il cessa depuis lors d'être orateur synodal. Lorsqu'en 1407 une nouvelle enquête fut ouverte au sujet de l'extension des erreurs dans le royaume, Hus échappa encore aux poursuites.

L'archevêque renouvela au Synode la défense d'enseigner les propositions incriminées de Wiclif, et enjoignit aux maîtres et aux étudiants en possession des livres de Wiclif, de remettre ceux-ci à la cour archiépiscopale aux fins d'examen. Puis n'y ayant trouvé rien d'erroné, il déclara qu'il n'y avait point d'hérésie dans son diocèse (juillet 1408).

Néanmoins il prête depuis lors volontiers l'oreille au parti hostile à Hus. Le conflit désormais inévitable éclata peu après et fut d'autant plus grave qu'il conduisit à l'Université*) à la division nette des maîtres en deux camps hostiles, tranchés selon la nationalité.

D'un côté les Tchèques qui, inquiets de rapides progrès que faisaient les Allemands dans le pays, trouvèrent enfin le courage de se défendre contre l'invasion étrangère, dangereuse pour leur existence nationale, de l'autre côté, les

---

*) L'Université de Prague, la première de l'Europe centrale, jouait au XIVe siècle un rôle très important. De tous les pays circonvoisins de la Bohême, et du lointain Orient elle attirait des milliers de jeunes gens et comptait, au moment de son plus vif éclat — de 1372 à 1389 — plus de 10.000 étudiants.

Dans l'esprit de son illustre fondateur, Charles IV qui, élevé à la cour de France, conçut l'idée d'élever Prague au rang égal de celui de Paris et de Rome, l'Université bohême devait être le foyer de civilisation et de lumière qui rayonnerait de Prague sur tout l'Orient, l'initiatrice d'autres peuples slaves aux idées occidentales.

Mais pour remplir intégralement cette belle et noble mission il fallait qu'elle fût slave. Par malheur, elle était ainsi que la Bohême presque entière sur le point d'être absorbée par les Allemands.

Allemands qui, irrités de ce brusque réveil national, devinrent méfiants aussi à l'égard du mouvement réformateur inauguré par les Tchèques.

Ces animosités nationales qui venaient se greffer si malheureusement sur les dissentiments religieux se retrouvent dès lors au fond de toutes les questions controversées.

La première occasion où s'alluma cet antagonisme national s'offrit à propos de la convocation du Concile œcuménique de Pise qui devait mettre terme au schisme par l'élection d'un nouveau pape et préparer la réforme de l'Eglise. En attendant les résolutions de ce Concile les rois et princes chrétiens devaient garder neutralité envers les deux papes, Grégoire XII et Benoit XIII que les cardinaux poussaient à abdiquer.

Le roi de Bohême et le roi de France acceptent ce parti, tandis que Robert le Palatin, élu contre Václav roi des Romains, s'y oppose et prend ouvertement parti pour le pape de Rome, Grégoire XII. Hus et les maîtres tchèques, réformistes se rangent alors du côté du roi Václav et de la noblesse de Bohême, mais ils sont la minorité, les maîtres étrangers, conservateurs, appuyés par l'archevêque Zbyněk restent attachés à Grégoire XII.

Le roi Václav irrité de voir la majorité de l'Université opposée à ses volontés revisa les statuts de l'Université en faveur des Tchèques. Le décret de Kutná Hora, rendu le 18 janvier 1409, assurait à la nation tchèque trois voix contre une aux nations étrangères.*) Cette mesure à laquelle n'étaient sans doute pas étrangers les représentants de l'Université de Paris, à ce moment en Bohême, en ambassade extraordinaire, souleva les protestations indignées des Allemands et eut pour suite leur exode. Le 16 mai 1409, environ 5000 maîtres et étudiants allemands quittèrent Prague.

---

*) A l'origine, l'Université de Prague, fondée par Charles IV (1348), était divisée sur le modèle de l'Université de Paris en quatre nations: tchèque, bavaroise, polonaise et saxonne, dont chacune avait une voix. Mais comme la colonie polonaise comprenait un grand nombre d'étudiants de Silésie germanisée les Allemands étaient toujours sûrs d'avoir la majorité dans les élections universitaires.

Les places vacantes à l'Université réorganisée furent partagées entre les maîtres tchèques, et Hus fut élu recteur. Le roi Václav fut désormais sûr de l'Université mais ne parvint pas à faire plier l'archevêque Zbyněk, qui mit en interdit les maîtres tchèques, défendit à Hus de prêcher et étendit enfin l'interdit à la ville de Prague.

Le roi s'en vengea en confisquant les domaines de l'archevêque et du chapitre. Zbyněk s'enfuit alors à Roudnice, ville distante de sept lieues de Prague, et ne se résigna que quelques mois après l'élection, à Pise (26 juin 1409) d'Alexandre V, à promettre l'obédience au nouveau pontife. Très irrité contre Hus, qu'il accusait d'être le principal agitateur et fauteur des désordres, il envoya à Rome des messagers et obtint d'Alexandre V l'autorisation de faire examiner les livres de Wiclif par une commission nommée ad hoc, et l'interdiction des sermons dans les chapelles particulières qui n'avaient point de curé titulaire. Cette mesure dirigée contre Hus et la chapelle de Bethléem jeta une nouvelle effervescence dans la population de Prague qui atteignit son comble quand l'archevêque, prétextant d'avoir trouvé des hérésies dans les livres du maître d'Oxford, les fit brûler, le 16 juillet 1410.

Hus protesta vivement contre la destruction des livres de Wiclif, fit appel au pape de l'interdiction qui le frappait et continua à prêcher dans la chapelle de Bethléem. Ce fut le premier acte de révolte qualifiée contre la hiérarchie.

La mort d'Alexandre V détermina l'archevêque à dépêcher à Rome un nouveau message pour obtenir du nouveau pape la confirmation de la bulle de son prédécesseur, ceci fait et sans plus attendre la réponse, il lança l'excommunication contre Hus et ses partisans, et se retira à nouveau à Roudnice. Ce fut mettre le feu aux poudres.

La population, en proie à une véritable fièvre de piété, prenait un intérêt des plus vifs aux discussions religieuses de l'Université; mécontente à la fois de l'organisation sociale, de l'expansion allemande dans le pays et de la dégénération de l'Eglise, elle était entièrement gagnée à la Réforme à travers laquelle on entrevoyait s'ouvrir une ère nouvelle.

Cette sourde fermentation était partagée par les villes provinciales où les indigènes étaient confinés dans des petits métiers, et elle gagnait même les campagnes, les paysans trouvant, eux aussi, trop lourd le poids du servage.

Tout le monde enfin désirait la chute de la hiérarchie romaine qui paraissait comme le résumé de toutes les iniquités sociales.

A Prague, l'excommunication d'Hus fut la cause de très graves troubles: la foule s'ameutait dans les rues, poussait des clameurs menaçantes; les étudiants exhalaient leur colère dans des chants injurieux pour l'archevêque et les prêtres antiréformistes. Ceux-ci ne pouvaient se montrer nulle part sans être hués par la populace enragée. Les églises et les salles de l'université étaient le théâtre des rixes et des scènes tumultueuses. Toute la ville fut en émoi.

Le roi très fâché de ces troubles défendit sous peines fort sévères au peuple de se mêler des querelles de l'archevêque avec le parti novateur. Il profita de la présence à Prague de l'ambassade pontificale, au commencement de septembre, qui venait lui notifier l'élection du nouveau pape, Jean XXIII, pour intervenir en faveur d'Hus.

Par malheur, le cardinal de Colonna avait déjà confirmé (25 août) les ordres du pape défunt et appelait Hus à comparaître devant la Cour pontificale. Fort de l'appui du roi Václav, qui renouvela après le premier échec son intervention auprès de Jean XXIII et auprès de quelques cardinaux influents, Hus pria le souverain pontife de le dispenser de comparaître personnellement à Bologne à cause des dangers multiples qu'ils devrait affronter en traversant les pays allemands. La Curie n'accepta pas ces raisons, excommunia Hus comme fils insoumis de l'Eglise et fit proclamer cette excommunication dans les églises de Prague, le 1er mars 1411. Ce fut une nouvelle explosion de passions dans la ville que l'archevêque finit par mettre en interdit. Quand cependant les désordres commençaient à tourner mal pour le clergé, il se déclara disposé à se soumettre à une commission arbitrale désignée par le roi. Il fut décidé de commun accord que l'archevêque se résignerait au roi, lèverait l'interdit et qu'il écrirait au pape qu'il n'y avait pas d'hérésie en Bohême. Les biens récemment confisqués seraient restitués, les corps établis et les fonctionnaires rentreraient dans leurs anciens droits. L'archevêque ne put se décider qu'à remplir la première condition; prétextant que tous les biens usurpés ne furent pas intégralement restitués, il refusa d'écrire au pape et de relever l'interdit de la ville. Le litige traîna sans qu'il fût possible d'arriver à une entente quelconque. L'archevêque de guerre lasse se décida enfin à aller demander protection au frère de Václav, le roi Sigismond. Il tomba en route malade et mourut à Pressbourg avant d'avoir rencontré le roi de Hongrie. (28 septembre 1411.)

Le successeur de Zbyněk Albík d'Unčov, homme âgé et très pacifique fut renommé plutôt comme médecin que comme théologien. Il joua un rôle assez effacé et fut absolument innocent des orages qui ne tardèrent pas à éclater.

Le procès d'Hus, instruit à Rome par le cardinal de Brancas, prit sur ces entrefaites une tournure grave. L'un des principaux défenseurs du maître tchèque, Jean de Jesenice, fut à son tour accusé d'hérésie, jeté en prison et anathématisé. On avait le vague pressentiment d'une crise très prochaine, les passions longtemps contenues n'attendaient qu'un incident pour éclater à nouveau. Ce fut la bulle de Jean XXIII, promettant des indulgences*) aux participants à la croisade prêchée contre le roi Ladislas de Naples, qui amena l'explosion redoutée.

Les légats pontificaux envoyés dans tout le monde chrétien ouvrirent dans les églises de Prague la vente des indulgences au commencement de mai. Hus demanda d'abord l'avis de l'Université s'il convient que ses membres participent par des offrandes en argent aux frais d'une croisade ouverte contre des chrétiens.

---

*) Le trafic des indulgences, qui était la source des plus graves abus de la papauté, et eut une très grande influence sur les destinés de la religion catholique, était d'origine très ancienne. Il était dû au principe que les péchés pouvaient être remis à condition que les pénitents consentissent à un sacrifice pécuniaire au profit d'une œuvre pie.

Il est intéressant de noter à ce propos qu'au XVIe siècle la rupture de Luther avec Rome était également provoquée par la publication des indulgences. Ce fut la naissance du protestantisme.

Et quand la faculté de théologie, dont Etienne Páleč, un ancien ami et partisan d'Hus, était le doyen, posa la question préalable, il rompit avec Páleč et quelques autres théologiens, ses anciens amis. Convaincu que la vente des indulgences était contraire aux ordres de Dieu, il eut le courage de défendre ses intimes convictions et se mit en révolte ouverte contre l'autorité pontificale fulminant à Bethléem comme à l'Université contre la bulle et le trafic des indulgences.

Mis en demeure par les légats romains d'expliquer sa singulière attitude vis-à-vis de l'autorité il fit preuve de sa grande énergie morale déclarant qu'il ne se croyait tenu d'obéir aux ordres de la Curie que lorsqu'ils étaient conformes à l'enseignement apostolique.

»Si je m'aperçois cependant, ajouta-t-il, que les ordres du pape sont contraires à l'enseignement du Sauveur, sachez que je n'obéirai pas, eussé-je le bûcher devant moi.«

Cette réponse contient tout Hus pour qui l'Evangile est le principal fondement du dogme, la base de tout le système, de toute l'organisation de l'Eglise. N'était-ce pas proclamer la légitimité éventuelle d'une révolte que de soutenir que le pape n'est pas toujours le représentant unique de la vérité!

La rupture est désormais complète, définitive, de fait comme en principe: la libre réflexion, la conscience individuelle, maîtresse souveraine de la religion, voilà bien le principe formel de la Réforme.

Le peuple enflammé par les sermons d'Hus, de Jérôme et de quelques autres orateurs réformistes s'agita et se livra à des démonstrations satiriques contre les vendeurs des indulgences dont les prédications étaient annoncées au son du tambour. Le roi très désireux de ramener les esprits surexcités au calme appela les représentants des deux partis adverses et tâcha de les décider à une transaction; il y échoua complètement. Pour intimider la foule, le Conseil municipal fit arrêter trois perturbateurs, les condamna et les fit exécuter sur la grande-place de la Vieille-Ville.

Cette excessive rigueur ne produisit pas l'effet qu'on attendait. L'agitation s'aggrava au contraire, des menaces contre les autorités furent proférées. La foule s'empara des corps des suppliciés, les porta à la chapelle de Bethléem où ils furent ensuite inhumés.

Il fallait aviser pour prévenir un soulèvement général. Le roi eut un très violent accès de colère où il s'emporta contre les novateurs et saisit les autorités de se prononcer sur les doctrines de Wiclif. Une assemblée composée de principaux représentants de l'université, de plusieurs membres du haut clergé et de quelques dignitaires, étendit, le 16 juillet, la condamnation de 45 articles de Wiclif à six autres articles relatifs aux indulgences, et interdit la prédication contre les bulles.

Hus se tut alors pour quelque temps.

La pape informé de ce qui se fut passé en Bohême confia l'examen du procès d'Hus au cardinal Pierre Stephaneschi de Saint-Ange qui s'empressa d'aggraver l'excommunication prononcée contre Hus pour désobéissance aux citations de la cour pontificale. Cette mesure devait être suivie, dans un mois, d'une réaggravation avec interdit pour tout endroit où Hus séjournerait, s'il s'obstinaient à ne pas se soumettre.

Mais malgré les instances réitérées des adversaires des novateurs la Curie ne put encore se décider à déclarer Hus hérétique.

Dès la publication de l'aggravation Hus fit appel, dans l'esprit de Wiclif, à Jésus-Christ, et reprit ses prédications à la chapelle Bethléem. Cette nouvelle preuve d'insoumission détermina le clergé à recourir au moyen extrême en l'occurrence, c'est-à-dire à la suspension des offices divins dans les églises de Prague. Poussé à bout, Hus se résigna et quitta Prague vers le commencement de novembre 1412.

Il se réfugia chez un de ses protecteurs, le chevalier Jean d'Ustí, qui possédait des terres dans le sud de la Bohême. Détail caractéristique, ce fut non loin de son château de Kozí où Hus fut reçu, que s'éleva peu après la ville de Tábor, principale citadelle des Hussites. Du fond de son exil, Hus resta toujours en relations avec ses amis de Prague. Pour occuper ses loisirs il composa bon nombre d'ouvrages théologico-pédagogiques. Pendant l'absence d'Hus de Prague le mouvement réformateur était dirigé par Jean de Jesenice et Jacob de Stříbro qui remplaçait le maître à la chapelle de Bethléem.

Ayant appris que le Synode devait se réunir en janvier 1413, Hus retourna après Noël à Prague espérant qu'il lui serait permis de se défendre devant cette assemblée contre les accusations portées contre lui et ses partisans.

Il ne fut pas admis à présenter sa défense et dut retourner peu après Pâques à »Kozí« où il continua d'écrire tout en prêchant à diverses occasions aux masses dans les campagnes. Il resta à »Kozí«, sauf un court séjour à Prague, en mai 1413, jusqu'à la mort de son noble protecteur, survenue vers le milieu de 1414. De cette période datent ses ouvrages: »De Ecclesia« *) où il précise les points sur lesquels il était en désaccord avec ses adversaires, »Postille« ou Commentaire des Epîtres et de l'Evangile, et d'autres.

Obligé par le nouveau maître de »Kozí« à quitter l'endroit il se rendit chez un autre protecteur, le chevalier Lefl de Lažany, siégeant à »Krakovec«, château-fort peu distant de Prague.

Le bruit des progrès que faisaient en Bohême les doctrines des novateurs eut cependant pénétré dans tous les pays chrétiens et le roi Václav ainsi que l'archevêque de Prague recevaient des lettres d'avertissement de Rome, de Paris et d'Allemagne.

Mais la surexcitation des esprits était si grande et les néophytes si nombreux qu'il était impossible de songer

---

*) Les propositions les plus graves de cet ouvrage qui avaient plus tard motivé la condamnation d'Hus étaient celles-ci: »L'Eglise est une communauté de prédestinés dont Christ est le chef; elle ne se compose pas seulement du pape, des évêques et des prêtres, mais de tous ceux qui se réclament du Christ et méritent sa grâce. Personne, le pape non excepté, ne peut savoir s'il est prédestiné ou prescite. Tous les hommes sont faillibles, les apôtres eux-mêmes étaient sujets à faillir; les papes et les cardinaux sont des hommes, donc ils sont faillibles. Nul chef ecclésiastique ni laïque n'exerce légalement son autorité qu'autant qu'il n'est pas en péché mortel. Les sujets peuvent et doivent examiner si les ordres de leurs supérieurs s'accordent avec les lois du Christ. La désobéissance aux ordres d'un supérieur en péché mortel, fût-ce le pape ou le roi, n'est pas un acte de révolte.«

à enrayer le mouvement sans l'écrasement complet du parti novateur.

Dans ce moment suprême où la Bohême semblait déjà vouée à une catastrophe certaine il se trouva un homme qui ne perdait pas tout espoir de ramener la paix dans le pays; ce fut Sigismond, roi de Hongrie, frère cadet de Václav et héritier présomptif de la couronne de Bohême.

Ce qui détermina ce bon tacticien à tenter une intervention directe dans les affaires intérieures de la Bohême, ce fut moins sa qualité de roi des Romains que plutôt la perspective de la popularité qu'il n'aurait pas manqué de gagner dans le pays en cas de réussite.

Après s'être mis d'accord avec Jean XXIII sur la convocation à Constance d'un Concile œcuménique qui devait réformer l'Eglise et rétablir l'unité chrétienne rompue par la présence de trois papes, il offrit à Hus sa protection devant cette Assemblée pour le décider à se rendre à Constance. Hus accepta croyant fermement qu'il réussirait à convaincre le Concile que ce n'était pas lui, mais bien l'Eglise qui s'était écarté de l'enseignement du Christ.

Avant de partir il revint encore une fois à Prague voulant défendre ses opinions devant le Synode. Il somma dans ce but ses adversaires qui l'accusaient d'hérésie de venir soutenir leurs accusations devant cette assemblée. Cette discussion n'eut pas lieu, personne n'ayant relevé le défi. Hus se fit alors certifier par l'inquisiteur de Prague, Nicolas que personne ne l'accusait d'hérésie et, en ayant référé au roi Sigismond pour obtenir le sauf-conduit promis, il partit en compagnie des chevaliers Jean de Chlum, Václav de Dubé et Henri Lacembok, le 11 octobre 1414. N'étant nullement inquiété en route, en dépit de l'interdit qui pesait sur lui, Hus arriva avec ses compagnons à Constance le 3 novembre, et prit logis chez une veuve, rue Saint-Paul.

Le pape ayant levé pour un temps l'interdit suspendu sur sa personne, Hus était le premier temps libre de sortir à volonté et de visiter même les églises de la ville; il lui fut seulement recommandé de ne pas se montrer à la grand'messe et de s'abstenir de prêcher publiquement. Il sortait en général très peu. Espérant qu'il serait bientôt entendu par le Concile en audience publique il écrivait sa défense. Mais déjà ses adversaires tchèques, Michel de Causis (ancien curé de Prague), et Etienne Páleč s'attachaient à prévenir contre lui l'opinion publique et s'efforçaient surtout de convaincre le pape et les cardinaux les plus influents de son hérésie. Le 28 novembre, le faux bruit de sa fuite s'étant répandu dans la ville, il fut invité par l'évêque de Trente à venir conférer sur divers points de dogme avec quelques cardinaux. Après la seconde conférence il fut arrêté et jeté dans un cachot du couvent des Bénédictins où il resta detenu quatre semaines malgré une grave maladie où il tomba quelques jours après son arrestation.

Les protestations des compagnons d'Hus ne firent rien à cet état de choses et ce ne fut qu'à l'arrivée du roi Sigismond à Constance que le maître tchèque fut transféré dans une geôle moins infecte et qu'il reçût les soins médicaux dont il avait besoin. Sigismond ayant insisté que le sauf-conduit qu'il avait délivré à Hus fût mieux respecté, les cardinaux lui donnèrent à entendre qu'ils déclareraient plutôt le Concile dissous que de relâcher son protégé.

Dès qu'il eut repris un peu de forces, Hus fut soumis à un nouvel interrogatoire très serré sur les points qu'avaient relevé contre lui Michel de Causis, Etienne Páleč et Jean Gerson. Le chancelier de l'Université de Paris déclara avoir trouvé dans le traité d'Huss »De Ecclesia" vingt articles entachés d'hérésie, Páleč en signalait dans le même ouvrage quarante-deux. Hus répondait par écrit à toutes les questions présentées s'attachant à démontrer que les citations étaient ou falsifiées ou commentées dans un sens qui n'était pas dans sa pensée.

Il écrivit pendant sa détention plus de dix traités en latin et nombre de lettres à ses amis de Bohême, lettres qui sont de vrais modèles de piété évangelique, de modestie et de sincère humilité chrétienne. Pendant ce temps il ne cessait de nourrir l'espoir qu'il réussirait à démontrer qu'il ne s'était pas écarté de l'enseignement du Christ et promettait à ses interrogateurs de se retracter s'il était convaincu d'erreur par l'Evangile. Mais le Concile qui venait de sortir victorieux de son conflit avec le pape et s'attribuait comme corps représentant l'Eglise enseignante et militante le pouvoir suprême en matières de foi n'entendait

pas se contenter d'une retractation conditionnelle, il deman-
dait la soumission sans condition, l'obéissance aveugle.

C'est, en effet, moins le martyre en soi-même, que Hus eut le courage de subir à l'exemple des premiers chrétiens, que plutôt cette audace de proclamer le principe de la liberté de penser en face de la plus haute instance qui exigeait la soumission aveugle, qui donne du relief à la grande figure historique d'Hus.

Malgré les instances des compagnons d'Hus et des seigneurs tchèques qui adressèrent au roi des Romains un mémoire portant 250 signatures des plus notables seigneurs et chevaliers de Bohême et de Moravie, l'instruction de son procès avançait très lentement. Enfin après bien des délais et des retards calculés, Sigismond obtint du Concile la concession d'entendre Hus en audience publique. La première de trois auditions qui furent consacrées à ces débats s'ouvrit le 5 juin.

La condamnation d'Hus était certaine, car dès qu'il s'avisa de discuter un témoignage ou de commenter un article incriminé, que ses adversaires lui prêtaient, il était rappelé à l'ordre et invité à répondre simplement par oui ou non.

Quand il voulait, à l'appui de ses déclarations, citer quelque passage des Saints-Pères, on l'interrompait, ne voulant pas l'écouter et si enfin, las de ce procédé et reconnaissant l'inutilité de toute défense, il se taisait les assemblés criaient qu'il s'avouait coupable.

La deuxième audition (le 7 juin) plus tumultueuse que la première — l'inculpé ne pouvant pas se faire entendre à cause des interruptions et cris désordonné, dont chacune de ses paroles était couverte — arracha à celui-ci ce cri accablant pour ses juges: »Je croyais trouver ici plus de sentiment de convenance, de piété et d'ordre.«

Le lendemain de cette orageuse réunion, Hus supplia l'Assemblée de lui permettre de se justifier librement des accusations portées contre lui et dont ses juges ne pouvaient contrôler l'exactitude faute de connaissance de la langue tchèque et promettait de se soumettre si ses juges e convainquaient d'erreur. Ce fut aux yeux des prélats une audace inouïe. Quoi, ce simple prêtre venu du fond des forêts de Bohême voulait avoir raison de doctes et célèbres prélats, ses juges! Il osait douter de l'infaillibilité du Concile en matières de foi! Sa demande méritait-elle d'être seulement prise en considération? On lui apprit alors que le Concile attendait de lui: 1° qu'il reconnût les erreurs relevées dans les articles incriminés; 2° qu'il abjurât les articles et promît de ne les enseigner dans l'avenir; 3° qu'il se rétractât publiquement et 4° qu'il promît d'enseigner dorénavant le contraire de ce qu'il avait enseigné jusque-là.

Malgré les conseils du roi Sigismond et du président de l'Assemblée, Pierre d'Ailly, Hus resta inébranlable dans sa première résolution ne voulant abjurer sans avoir été convaincu d'erreur par l'Ecriture. La porte qui se ferma alors derrière Hus ne se rouvrit plus que pour lui livrer passage au bûcher.

On laissa cependant s'écouler presque un mois encore avant de procéder à l'acte final.

Dans les lettres que Hus, attendant la sentence fatale, adressa à ses amis de Bohême il insiste particulièrement sur la nécessité pour eux de persévérer dans la vérité de Dieu, que lui et ses adhérents enseignaient et prend d'une façon touchante congé de la commune nationale.*)

---

*) Voici les passages essentiels de sa lettre du 10 juin 1415, adressée à la nation tchèque: »Je vous prie et je vous conjure d'aimer Dieu, de glorifier sa parole, de l'écouter et de lui obéir; je vous prie de rester fidèles à cette Ecriture que j'ai prêchée d'après la loi divine et les paroles des saints. Si quelqu' un de vous, soit dans des assemblées publiques, soit dans des entretiens particuliers a entendu de moi quelque phrase ou lu quelque chose contre la vérité, — j'espère pourtant qu'il ne m'est jamais arrivé de parler ou d'écrire contre elle, — je vous prie de ne point vous y attacher. Si quelqu'un de vous a vu quelque légèreté dans mes paroles ou dans mes actes, ne m'imitez point en cela, mais priez Dieu de me pardonner. Aimez, estimez et honorez les prêtres de bonnes mœurs, ceux surtout qui prêchent la Sainte Ecriture; gardez-vous des trompeurs, surtout des prêtres indignes, ce sont, a dit le Seigneur, des loups dévorants déguisés en brebis. Soyez justes et bienveillants pour les pauvres. Que les bourgeois fassent honnêtement leur commerce, que les artisans soient exacts et scrupuleux dans leurs métiers. Serviteurs, servez fidèlement vos maîtres; professeurs, vivez honnêtement, apprenez à vos élèves à aimer Dieu par dessus tout, à rechercher dans le travail la gloire de Dieu,

Le 6 juillet, Hus fut introduit devant le Concile, réuni ce jour là en Assemblée générale, pour entendre la lecture de sa condamnation. Il essaya de refuter encore quelques points d'accusation, surtout celui qu'il niait la transsubstantiation, et précisa ses conceptions sur le sens dogmatique de quelques propositions mal interprêtées. Quand il eut terminé, il fut dépouillé de ses ornements sàcerdotaux et livré au bras séculier pour subir incessamment la peine de mort.

En route pour l'échafaud voyant, lorsqu'il passait devant le cimetière, qu'on y brûlait ses livres il sourit avec

---

le salut et les progrès de la patrie et non les richesses ou les plaisirs du monde. Etudiants, écoutez vos professeurs, obéissez-leur quand ils vous exhortent au bien, appliquez-vous dans vos études pour la louange de Dieu, pour votre salut et pour celui de vos prochains ... Je vous prie de croire mes nobles protecteurs, seigneurs Václav de Dubé et Jean de Chlum qui, ayant assisté aux audiences publiques du Concile, vous diront comment je me suis défendu contre les attaques de mes adversaires et comment tous les assemblés criaient contre moi quand je discutais les points d'accusation.

Je vous conjure de prier pour le roi des Romains et de Bohême, pour la reine et pour les seigneurs afin que le Dieu de miséricorde et de joie soit avec eux maintenant et à toujours.

Je vous écris dans l'attente de la sentence fatale, mais ne désespérant point de la grâce de Dieu. Pragois, je vous prie particulièrement de ne pas oublier Bethléem tant que Dieu voudra que sa parole y soit prêchée. De même je vous prie de vous opposer à ce que les bons soient opprimés, et vous conjure d'être justes envers tout le monde.«

Extrait de la lettre adressée, le 27 juin, à l'Université de Prague. »Chers confrères, maîtres, bacheliers et étudiants de l'Université de Prague. Je vous conjure de vous aimer les uns les autres, d'éviter les dissensions, d'honorer Dieu et de vous rappeler les efforts que je faisais toujours pour le progrès de l'Université, et mon affliction quand je vous voyais en désaccord et notre illustre nation désunie ... Restez fidèles à la vérité qui est et sera toujours victorieuse. Sachez que je n'ai ni rétracté ni abjuré un seul article. Le Concile voulait que je déclarasse erronées toutes les propositions incriminées, tirées de mes livres. J'ai refusé de le faire avant qu'il ne me fût démontré par l'Ecriture que j'étais dans l'erreur.«

pitié et affirmait à ceux qui l'entendaient qu'il n'était point hérétique.*)

L'âme sereine, sourd aux railleries et aux insultes des bourreaux et de la foule, il pria devant le bûcher pour ses ennemis, puis, attaché au poteau il entonna un cantique qu'il ne put achever, la fumée ayant étouffé sa voix.

Telle fut la fin de ce noble penseur slave coupable d'avoir le premier proclamé le principe de la liberté de conscience et d'avoir placé la conscience individuelle éclairée par l'Ecriture au-dessus des traditions de l'Eglise, et de l'autorité de son chef visible, le pape.**) Ce qui le distingue essentiellement des fondateurs des églises protestantes venus après lui c'est qu'il n'avait nullement intention de fonder un nouveau système religieux, mais qu'il voulait seulement ramener l'Eglise catholique à sa simplicité primitive. Le relèvement moral du peuple et sa régénération chrétienne était ce qui le préoccupait le plus et il était convaincu que, pour obtenir ce résultat, il ne fallait pas de creuses formules de dogme ou de vaines cérémonies, mais plutôt l'exemple pratique d'une vie morale vraiment chrétienne. Ni les anathèmes du Concile, ni le supplice du maître Hus n'eut apeuré la nation tchèque ni étouffé en elle l'esprit de la Réforme. La semence jetée par le grand promoteur du mouvement régénérateur de la Chrétienté devait nécessairement porter le fruit attendu. L'effervescence religieuse et nationale suivit son chemin; étroitement liée elle pénétra et enthousiasma toutes les classes sociales depuis le grand seigneur jusqu'au plus simple paysan et quand le temps fut venu les passions éclatèrent dans toute la Bohême avec la violence d'un ouragan.

---

*) Etait-il hérétique ou ne l'était-il pas? — Problème difficile à résoudre! — Au point de vue de l'Eglise officielle, il était hérétique parce qu'il n'admettait d'autre juge que l'Evangile et mettait la libre recherche au-dessus de l'autorité ecclésiastique. Il ne l'était peut-être pas en ce sens que la doctrine qu'il soutenait n'avait pas été officiellement condamnée auparavant par l'Eglise.

**) Il est intéressant de noter que le Concile de Trente (1545—1563) exécuta quelques-unes de réformes réclamées par Hus. —

Après s'être séparée de fait de la Curie romaine qui avait jusque-là la garde de ses intérêts moraux, le peuple tchèque se souleva comme un homme pour la défense de la vérité de Dieu et celle de la langue tchéco-slave. Le calice qui se substitua à la croix devint à la fois symbole religieux et national et là où l'on entendait naguère encore le hymne pieux *Donnez, Dieu, la paix à notre pays*, s'élevaient alors des cris passionnés *Sus aux papistes! Sus aux Allemands! Frappez! Tuez! Personne ne ménagez!* La rumeur des prouesses des Žižka et des Procope, pénétra loin au-delà de la Bohême, les noms de ces capitaines furent prononcés avec terreur dans toute l'Allemagne. Et c'était pendant vingt ans, jusqu'au Concile de Bâle et aux Compactats que l'on voyait se poursuivre en Bohême cette série d'exploits sans égal qui clôt l'histoire du moyen-âge.

Mais l'agitation ne s'arrêta plus même après les concessions de Rome. De la Bohême, qu'elle eut couverte de sang et de ruines, elle s'étendit aux pays voisins, à la Pologne, à l'Allemagne et ne s'éteignit qu'après avoir embrasé l'Occident tout entier.

Bibliographie

Denis, *Huss et la Guerre des Hussites* (Paris, 1878). Lechler, *Johann Hus* (Halle, 1890). Palacký, *Documenta M. Johannis Hus* (Prague, 1869) Pekař, *Jan Hus* (Prague, 1902). Tobolka, *K 6. červenci* (Prague 1901). Tomek, *Dějepis města Prahy, III.* (Prague, 1884). Vlček, *Dějiny české literatury, I. v.* (Prague, 1897).

DU MÊME AUTEUR

Chez **F. Topič**, Prague

La Bohême d'aujourd'hui . . . . . 1 fr.
Le Droit historique de la Bohême . 1 fr.
Le Théâtre national de Prague . . 0·50
Le Guide de Prague . . . . 2 fr.
La Grammaire tchèque (à l'usage des
Français). E. Leroux, Paris . . . . 5 fr.

www.ingramcontent.com/pod-product-compliance
Lightning Source LLC
LaVergne TN
LVHW021742030726
842523LV00003B/869